2,-

PAPIER

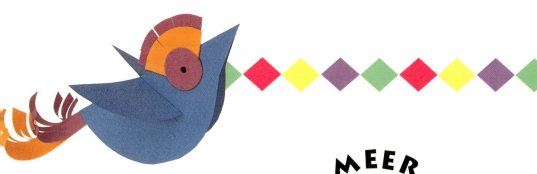

Meer plezier met
PAPIER

PAULINE BUTLER

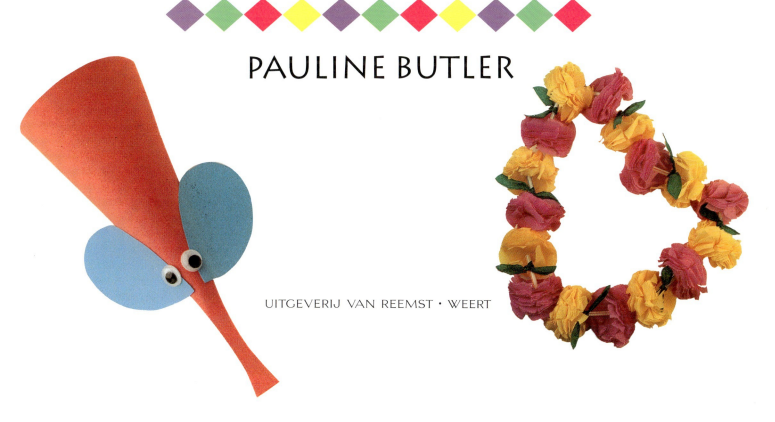

UITGEVERIJ VAN REEMST · WEERT

Oorspronkelijke titel: Fun with paper
© MCMXCIII Oorspronkelijke uitgave: Salamander Books Limited,
London/New York
© MCMXCIV Nederlandstalige uitgave: M & P Uitgeverij bv
Postbus 466
6000 AL Weert

Tekstverzorging: *de Redactie*, Amsterdam
Vertaling: Janneke Boeser
Eindredactie: Willemien Werkman
Zetwerk en montage: MediaWare Eindhoven

ISBN 90 359 0847 3
CIP
NUGI 440

Alle rechten voorbehouden. Niets uit deze uitgave mag worden verveelvoudigd, opgeslagen in een geautomatiseerd gegevensbestand, of openbaar gemaakt, in enige vorm of op enige wijze, hetzij elektronisch, mechanisch, door fotokopieën, opnamen, of enige andere manier, zonder voorafgaande schriftelijke toestemming van de uitgever.

Voor zover het maken van kopieën uit deze uitgave is toegestaan op grond van artikel 16B Auteurswet 1912 j° het Besluit van 20 juni 1974, Stbl. 351, zoals gewijzigd bij Besluit van 23 augustus 1985, Stbl. 471 en artikel 17 Auteurswet 1912, dient men de daarvoor wettelijk verschuldigde vergoeding te voldoen aan de Stichting Reprorecht (Postbus 882, 1180 AW Amstelveen).
Voor het overnemen van gedeelte(n) uit deze uitgave in bloemlezingen, readers en andere compilatiewerken (artikel 16 Auteurswet 1912) dient men zich tot de uitgever te wenden.

INHOUD

INLEIDING	6
PAPIEREN BLOEMEN	8
KAART MET LACHENDE CLOWN	10
BLOEMENKRANS	12
MUIZEMASKER	14
GEVLOCHTEN MANDJES	16
VOGELMOBIEL	18
GEPLOOIDE WAAIERS	20
LEUKE VINGERPOPPETJES	22
EEN AAP ALS BOEKELEGGER	24
EEN ZELFGEMAAKT BOEK	26
PATRONEN	28

INLEIDING

Papier is goedkoop en erg leuk om mee te spelen. De meeste ontwerpen in dit boek zijn gemaakt van stevig, vrolijk gekleurd papier dat te koop is in papierwinkels. Dit soort papier is geschikt omdat het sterk is en goed gevouwen kan worden. Je hebt ook overtrekpapier nodig om de figuren achter in het boek over te trekken, papierlijm en een schaar. Laat, voor de veiligheid, je schaar nooit geopend liggen na gebruik.

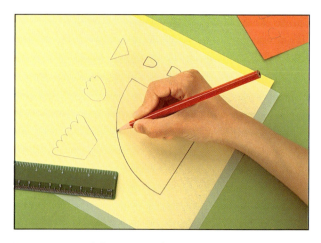

Het overtrekken van de patronen
Trek de patronen achter in het boek over met een zacht, scherp potlood. Leg de overgetrokken vorm met de goede kant naar beneden op het gekleurde papier. Trek de lijnen opnieuw over en druk daarbij stevig op het papier.

Het opmeten Wees altijd nauwkeurig als je rechthoeken tekent. Maak rechte lijnen met behulp van een liniaal. Teken de hoeken met een tekendriehoek.

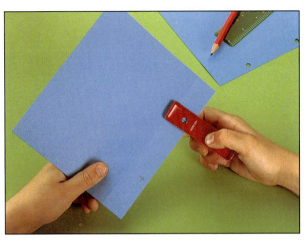

Gaatjes maken Als je een perforator gebruikt, verwijder dan de plastic bodem en houd hem ondersteboven zoals in het voorbeeld, zodat je markering duidelijk door het gaatje te zien is.

overtrek-papier
perforator
breinaald
potlood
schaar
lijm
puntenslijper
liniaal
papier
vlakgum

Het vouwen Om een scherpe vouw te maken, 'kerf' je het papier eerst in: geef de vouwlijn licht aan met potlood en liniaal. 'Teken' de lijn dan opnieuw met een breinaald, die je stevig op het papier drukt. Vouw het papier langs deze lijn.

Het krullen van papier Dik papier, zoals tekenpapier, kan gemakkelijk gekruld worden. Je hoeft het alleen maar rond een dun potlood of een breinaald te rollen.

Papieren bloemen

Maak deze prachtige bloemen van vrolijk gekleurd papier. Ze zijn een uitstekend cadeau voor een familielid of een goede vriend. Je vindt de patronen voor de bladeren, bloemblaadjes en meeldraden (de bloemharten) op bladzijde 28.

1 Trek alle patronen met een potlood over. Leg ze met de goede kant naar beneden op het gekleurde papier en ga nog eens met het potlood over de lijnen. Teken twee bladeren voor elke bloem. Knip nu alle vormen uit.

Benodigdheden

Potlood
Overtrekpapier
Schaar
Passer
Universele lijm
Zwarte plakkaatverf en penseel
Plantestokje
Bolletje van piepschuim met een gat (verkrijgbaar in handwerkwinkels)
Stevig papier in twee vrolijke kleuren, en heldergroen voor de bladeren

2 Doe een beetje lijm in het gaatje van de bol van piepschuim en steek het plantestokje erin. Als de lijm droog is, schilder je de bol zwart.

3 Maak met een passerpunt een gaatje in het midden van de papieren bloemblaadjes. Rol de bloemblaadjes nu voorzichtig om een potlood om ze te laten krullen.

4 Maak een gaatje in het midden van de cirkel van de meeldraden. Knip vervolgens met de schaar vanaf de rand naar het midden de hele cirkel in. Rol de meeldraden rond een potlood, zoals hierboven aangegeven om ze te laten krullen.

5 Breng lijm aan rond het gaatje in het midden van de meeldraden. Steek het plantestokje door het gat en duw de meeldraden tegen de piepschuimen bol. Druk stevig aan tot de lijm droog is.

6 Breng lijm aan rond het hart van de bloemblaadjes, zoals hierboven. Steek de bloemblaadjes aan het stokje en duw ze omhoog tot aan de meeldraden. Stevig aandrukken.

7 Vouw de twee bladeren in de lengte dubbel. Doe een beetje lijm onder aan een van de bladeren en plak het blad rond de steel. Breng ten slotte wat lijm aan op het tweede blad en plak het aan de steel, tegenover het eerste blad.

Kaart met lachende clown

Maak deze vrolijke uitvouwbare kaart voor iemand die je bijzonder aardig vindt. Trek eerst met potlood alle patronen over van bladzijde 29.

Benodigdheden

Groot vel vrolijk gekleurd, stevig papier
Wit, rood en oranje papier
Drie andere kleuren papier voor de kleren
Lovertjesstof (of cadeaupapier met een mooi motief)
Zwarte viltstift
Ronde papieren plakfiguurtjes
Overtrekpapier
Potlood
Universele lijm
Schaar

1 Teken een rechthoek van 44 × 28 cm op het grote vel gekleurd papier en knip deze uit. Vouw hem een keer in de lengte en een keer in de breedte. Je kaart moet nu 22 × 14 cm meten.

2 Vouw het witte papier dubbel. Leg het patroon dat je hebt overgetrokken, omgekeerd op het papier, met de rechte kant van het hoofd tegen de vouw. Trek de omtrek van het hoofd opnieuw over zodat de vorm op het papier verschijnt. Knip de beide lagen tegelijk uit.

3 Vouw de neus in de lengte, zoals hieronder aangegeven. Vouw het hoofd weer open en duw de neus naar voren. Maak de punt van de neus weer plat.

4 Vouw de andere gekleurde vellen papier dubbel en breng de overige patronen erop over, met de rechte kanten tegen de vouw aan zoals hierboven. Knip alle delen uit het dubbelgevouwen papier. Gebruik het patroon om een strik uit de lovertjesstof te knippen.

5 Plak de rode rechthoek voor de mond tegen de achterkant van het hoofd. Keer het hoofd om en teken de ogen met een stift. Plak de mond en de neus op hun plaats.

6 Vouw het haar langs de stippellijn om er een plooi in te maken. Knip de pony. Vouw het haarstuk open en duw de kuif naar voren zoals beneden te zien is. Plak het haar op het hoofd.

7 Vouw de kaart geheel open. Plak het lijf in de kaart en versier het met papieren plakfiguurtjes. Plak vervolgens de kraag en het hoofd op hun plaats. Lijm ten slotte de delen van de strik op elkaar en bevestig deze onder de kin van de clown.

het vouwen van de neus

schaar

neus

mond

het mondstuk op zijn plaats

lijm

haar

hoofd

strik

kleren

karton

stift

BLOEMENKRANS

Maak een tropische guirlande om aan de gasten op je feest te geven of om te dragen op een gekostumeerd bal. Deze krans is gemaakt van zestien bloemen, maar je kunt hem net zo lang maken als je wilt.

BENODIGDHEDEN

Twee kleuren crêpepapier voor de bloemen
Groen crêpepapier voor de bladeren
Plastic rietjes
Een dekseltje of ander rond voorwerp van circa 7 cm doorsnee om een cirkel mee te tekenen
Sterke draad
Stopnaald
Schaar
Viltstift

1 Knip voor iedere bloem ongeveer vijftien rondjes uit het crêpepapier. Als je op wilt schieten, kun je ze uit verschillende lagen tegelijk knippen. Met een viltstift teken je een cirkel rond het dekseltje op het in lagen gevouwen crêpepapier.

2 Houd het papier stevig op elkaar en knip de cirkel uit de verschillende lagen. Herhaal dit tot je genoeg bloemen hebt. Je hebt er acht nodig van elke kleur.

3 Terwijl je alle lagen van één bloem stevig op elkaar houdt, knip je de rondjes rondom een stukje in om de bloemblaadjes te maken. Knip op dezelfde manier bloemblaadjes in de andere bloemen.

4 Maak nu van rietjes enkele 'stengels' voor je krans. Knip de rietjes in stukjes van 5 cm. In totaal heb je er zestien nodig.

rondjes van crêpepapier

5 Steek een lange draad in de naald en maak een flinke knoop aan het uiteinde. Prik de naald door het midden van iedere papieren cirkel tot je één bloem hebt aangeregen, rijg dan een rietje aan. Rijg nu een bloem van een andere kleur aan de krans, en weer een rietje. Ga hiermee door tot alle bloemen en rietjes aan de krans zijn geregen.

6 Haal de draad uit de naald en knoop de beide uiteinden van de draad stevig aan elkaar. Duw de uiteindjes van de draad in een rietje om ze weg te werken.

7 Om blaadjes te maken, knip je zestien repen crêpepapier van 3 × 13 cm. Knip de uiteinden puntig. Bind elke strook rond een rietje, dichtbij een bloem, en maak er een dubbele knoop op.

rietjes

omtrek van de deksel tekenen

bladeren

bloemen rijgen

schaar

naald en draad

Muizemasker

Dit schattige muizemasker is hèt attribuut voor een gekostumeerd bal. Trek eerst met potlood de patronen over van bladzijde 30. Maak de kop compleet door het overgetrokken patroon om te klappen en de andere helft te tekenen.

Benodigdheden

Dun wit karton
Stevig roze- en crèmekleurig papier
Stevig zwart papier
Elastiek
Stopnaald
Papierlijm
Zwarte viltstift
Liniaal en passer
Breinaald
Overtrekpapier en potlood
Perforator
Schaar

1 Leg de overgetrokken patronen met de goede kant naar beneden op het witte karton en trek de lijnen van de kop en de neus opnieuw over. Klap de vorm om en teken de andere helft van de kop. Knip de vormen uit.

2 Breng de tanden over op crèmekleurig papier en het oor en het puntje van de neus op roze papier. Knip ze uit. Teken dan nog een oor en knip het uit.

3 Knip een gat midden in de kop zoals staat aangegeven op het patroon. Maak met een passer cirkels voor de ogen en prik een gaatje midden in elk oog. Kleur de ogen met een stift.

4 Vouw het plakrandje aan de tanden terug, zoals staat aangegeven. Plak het vast aan de kop. Knip nu drie smalle stroken van ongeveer 25 cm lang uit zwart papier. Lijm ze vast op de plek van de snorharen.

5 Plak het puntje van de neus op de snuit. Draai de snuit om en ga met een breinaald langs een liniaal stevig over de vouwlijnen heen om het papier te plooien. Vouw de snuit in de juiste vorm en plak hem vast aan de kop.

6 Kerf de vouwlijnen in de oren en vouw de hoeken naar voren. Lijm de oren tegen de achterkant van de kop. Maak tenslotte met een stopnaald kleine gaatjes aan de zijkanten van het masker, rijg het elastiek erdoor en leg er een knoop in.

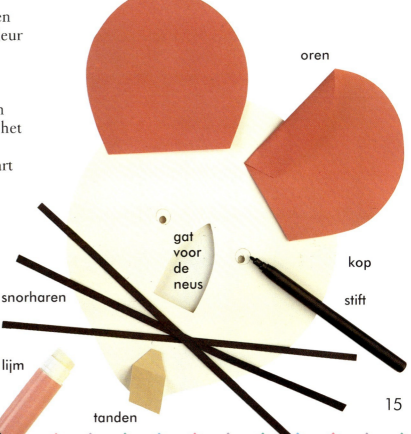

elastiek · passer · neus · snorharen · lijm · tanden · gat voor de neus · oren · kop · stift

Gevlochten mandjes

Vlecht een klein mandje van papier om cadeautjes in te doen of om als opbergbakje te gebruiken. Kies vrolijke kleuren om het mooiste effect te bereiken.

Benodigdheden

Stevig papier in vier kleuren – groen, geel, oranje en rood
Liniaal
Driehoek
Potlood
Schaar
Universele lijm

1 Teken met behulp van een liniaal en een driehoek een vierkant van 18 cm op rood papier en knip deze uit. Trek een lijn op 4 cm vanaf elke kant om de rand aan te geven. Verdeel het middelste vierkant in stroken van 2 cm breed. (Op bladzijde 31 staat het patroon dat je kunt volgen.)

2 Knip vijf stroken papier voor het vlechten, van 36 × 1,8 cm – je hebt twee groene, twee gele en één oranje strook nodig. Knip vervolgens een langere groene strook van 46 × 1,8 cm om de rand van het mandje mee vast te zetten.

3 Vouw het vierkant dubbel en knip langs de lijnen tot aan de rand, zoals staat aangegeven. Vouw het vierkant weer open en vlecht de stroken op en neer door de bodem van het mandje. Als je er een strook doorheen hebt gevlochten, vouw de uiteinden dan terug en steek ze vast in de bodem van het mandje.

4 Vouw de randen langs het gevlochten vierkant omhoog, waarbij je de hoeken in de vorm van een driehoek vouwt, zoals staat aangegeven. Vouw de hoeken tot punten en steek ze vast in het vlechtpatroon.

5 Knip een oranje strook van 36 × 1,8 cm voor het hengsel. Vlecht één kant in de bodem van het mandje. Buig het hengsel over het mandje heen en vlecht het aan de andere kant in de bodem. Plak de zijkanten van het hengsel vast aan het mandje. Vlecht tot slot de lange groene strook door de buitenrand van het mandje en lijm de uiteinden aan elkaar.

spleten in de bodem knippen

vlechten van het mandje

vouwen van de hoeken

stroken om mee te vlechten

lijm

VOGELMOBIEL

Vrolijk je slaapkamer op met deze betoverende mobiel. Trek eerst met potlood de patronen over van bladzijde 31.

BENODIGDHEDEN

(Voor zes vogels)
Stevig papier in drie heldere kleuren
Kleine kraal
Zwarte viltstift
Overtrekpapier
Potlood
Perforator
Passer
Liniaal
Schaar
Papierlijm
Sterke gekleurde draad
Naald

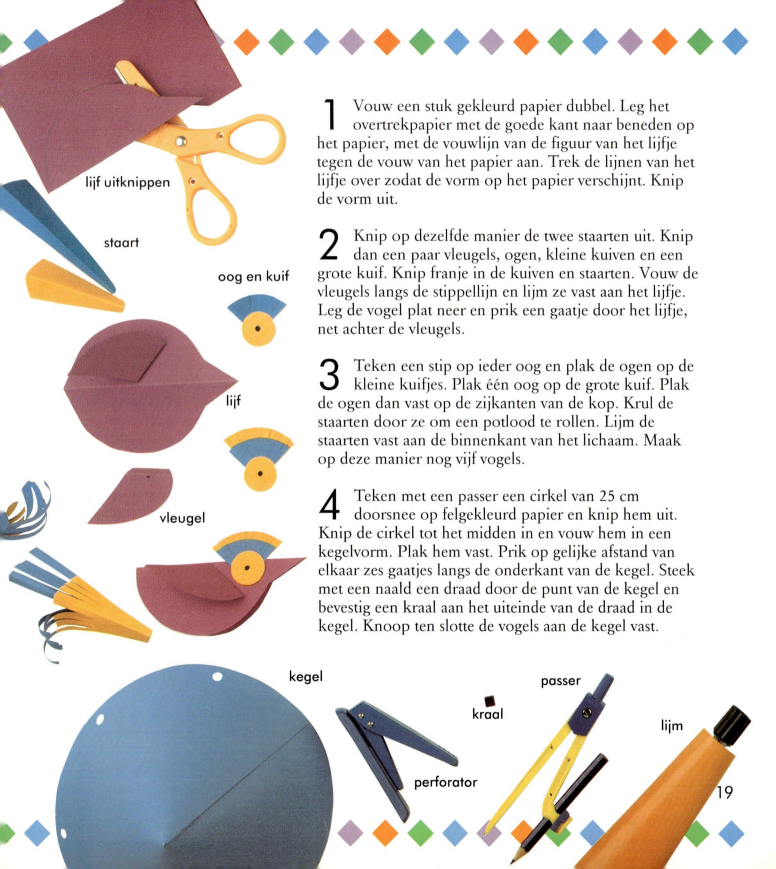

lijf uitknippen · **staart** · **oog en kuif** · **lijf** · **vleugel** · **kegel** · **perforator** · **kraal** · **passer** · **lijm**

1. Vouw een stuk gekleurd papier dubbel. Leg het overtrekpapier met de goede kant naar beneden op het papier, met de vouwlijn van de figuur van het lijfje tegen de vouw van het papier aan. Trek de lijnen van het lijfje over zodat de vorm op het papier verschijnt. Knip de vorm uit.

2. Knip op dezelfde manier de twee staarten uit. Knip dan een paar vleugels, ogen, kleine kuiven en een grote kuif. Knip franje in de kuiven en staarten. Vouw de vleugels langs de stippellijn en lijm ze vast aan het lijfje. Leg de vogel plat neer en prik een gaatje door het lijfje, net achter de vleugels.

3. Teken een stip op ieder oog en plak de ogen op de kleine kuifjes. Plak één oog op de grote kuif. Plak de ogen dan vast op de zijkanten van de kop. Krul de staarten door ze om een potlood te rollen. Lijm de staarten vast aan de binnenkant van het lichaam. Maak op deze manier nog vijf vogels.

4. Teken met een passer een cirkel van 25 cm doorsnee op felgekleurd papier en knip hem uit. Knip de cirkel tot het midden in en vouw hem in een kegelvorm. Plak hem vast. Prik op gelijke afstand van elkaar zes gaatjes langs de onderkant van de kegel. Steek met een naald een draad door de punt van de kegel en bevestig een kraal aan het uiteinde van de draad in de kegel. Knoop ten slotte de vogels aan de kegel vast.

Geplooide waaiers

Met deze waaiers kun je je koelte toewuiven. Versier ze met een perforator om een kantpatroon te maken of gebruik papieren kanten kleedjes en goudkleurig cadeaupapier zodat ze er ouderwets uitzien. Wij hebben vierkante kleedjes gebruikt, maar je kunt ook ronde nemen.

BENODIGDHEDEN

Stevig papier in diverse kleuren
Goudkleurig cadeaupapier
Sierlint
Papieren kanten kleedjes
Perforator
Liniaal
Driehoek
Schaar
Potlood
Breinaald
Elastiek
Universele lijm

1 Knip om te beginnen een strook papier van 25 × 72 cm. Gebruik liniaal en driehoek om nauwkeurig te meten. Als je papier niet lang genoeg is, plak je een paar kortere stukken aan elkaar.

2 Trek met liniaal en potlood lijnen op het papier op 2 cm afstand van elkaar. Trek de lijnen over met een breinaald, die je stevig aandrukt om plooien in het papier te maken. Vouw nu de waaier.

3 Knip en vouw nog twee papierstroken op dezelfde wijze. Knip een strook van 13 cm en één van 9 cm breed. Maak gaatjes langs één van de lange kanten van elke strook.

4 Leg de brede strook op de waaier, waarbij de plooien in elkaar moeten vallen. Plak de strook met een beetje lijm achter iedere plooi, aan de boven- en onderkant. Plak nu de kleine strook op zijn plaats.

5 Meet en knip twee papierstroken van 25 × 2 cm. Plak deze tegen de beide uiteinden van de waaier om deze te verstevigen en af te werken.

6 Vouw de waaier dicht en doe lijm onder aan iedere plooi, aan de voor- en achterkant. Wikkel het elastiek eromheen om de waaier bij elkaar te houden tot de lijm droog is. Knip een strook van 5 cm breed, lang genoeg om deze om het handvat te wikkelen. Lijm deze op zijn plaats. Versier het handvat op dezelfde wijze met een smallere strook.

7 Om je waaier te versieren met kanten onderleggers bevestig je deze aan de ongemarkeerde kant van de waaier, voordat je hem vouwt. Plak een strook goudkleurig cadeaupapier over de onderkant van de onderleggers. Vouw nu de waaier. Breng stroken aan tegen de uiteinden en maak een handvat zoals beschreven in punt 5 en 6. Voltooi de waaier door een gekruld lint aan het handvat te binden.

schaar

perforator

elastiek

stroken

geplooide stroken

driehoek en liniaal

LEUKE VINGERPOPPETJES

Maak je eigen poppenkast met dit vrolijke trio vingerpoppetjes. Wij hebben een olifant, een kip en een egel gemaakt, maar je kunt alle mogelijke dieren maken met de kegelvorm als uitgangspunt. Laat je verbeelding spreken en maak een hele groep verschillende acteurtjes.

BENODIGDHEDEN

Vrolijk gekleurd papier
Overtrekpapier
Potlood
Papierlijm
Universele lijm
Schaar
Voor ieder poppetje één paar bewegende oogjes
Kleine zwarte kraal voor de neus van de egel

1 Trek voor ieder poppetje het patroon van het lichaam van bladzijde 32 over met potlood. Leg het patroon met de goede kant naar beneden op het gekleurde papier en trek de lijn opnieuw over. De vorm verschijnt op het papier. Knip deze uit.

2 Rol het lichaam in een kegelvorm en lijm de elkaar overlappende randjes op elkaar met papierlijm. Houd de kegelvorm vast tot de lijm geheel droog is.

3 Trek nu de andere vormen over van bladzijde 32. Breng de vormen over op verschillende kleuren papier, zoals hiervoor, en knip alle delen uit.

4 Lijm de vleugels met papierlijm vast aan de zijkanten van de kip en plak de staart onder aan de binnenkant. Breng een beetje lijm aan op de punt van het lichaam en plak de snavel eromheen, lijm de elkaar overlappende randjes vast.

5 Plak de oren van de egel op hun plaats en maak stekels van kleine driehoekjes gekleurd papier. Lijm de oren en de slurf vast aan het lichaam van de olifant.

6 Plak ten slotte met universele lijm de bewegende oogjes op elk poppetje en de kraal op de snuit van de egel.

Een aap als boekelegger

Deze brutale aap helpt je altijd de plaats te vinden waar je in je boek was gebleven. Maak hem van stevig gekleurd papier en vouw gewoon zijn armen over de hoek van de bladzijde om aan te geven waar je bent gebleven. De patronen kun je vinden op bladzijde 32. Trek eerst alle vormen over met potlood.

Benodigdheden

Schaar
Overtrekpapier en potlood
Papierlijm
Een bruin en zwart potlood
Stevig papier in bruin, beige, wit en geel

1 Leg de overgetrokken patronen met de goede kant naar beneden op het bruine papier en trek opnieuw het apelijf over. Breng het gezicht, het oor, de voeten en de handen over op beige papier – je moet de handen tweemaal tekenen. Breng de banaan over op wit papier en de schil op geel papier. Knip nu alle vormen uit.

2 Geef de vouwlijnen aan die over de armen van de aap lopen. Vouw de armen naar voren en wrijf over de vouw met je duim om hem scherp te maken. Vouw de armen vervolgens weer terug.

3 Plak nu met papierlijm het gezicht, de oren en de handen op hun plaats op het lijf van de aap. Plak de voeten tegen de achterkant van het lijf op de juiste plaats.

4 Lijm het witte gedeelte van de banaan op de rechterhand. Plak dan de bananeschil op de banaan. Kijk naar de afbeelding hiernaast zodat je zeker weet dat alle delen op de juiste plaats zitten.

5 Om de boekelegger te voltooien teken je de ogen en de neus van de aap op het gezicht met een zwart potlood. Gebruik een bruin potlood om de mond te tekenen.

Een zelfgemaakt boek

Maak je eigen boek om als plakboek of notitieboek te gebruiken. Je kunt het in elk gewenst formaat maken, met net zoveel bladzijden als je wilt, in je favoriete kleur. Versier de kaft met cadeaupapier of knipsels van een popster, of met je eigen tekeningen.

Benodigdheden

Wit en gekleurd papier voor de bladzijden
Dun karton voor de kaft
Cadeaupapier
Gekleurde raffia of garen
Potlood
Liniaal
Driehoek
Perforator
Breinaald
Grote stopnaald
Papierlijm
Schaar

1 Zo maak je het grote boek. Maak eerst de bladzijden. Teken rechthoeken van 24 × 19 cm op je papier. Gebruik een liniaal en een driehoek om zo nauwkeurig mogelijk te meten. Knip dan alle bladzijden uit. Markeer een punt langs één van de lange zijden van elke bladzijde op 7 cm afstand van beide korte zijden. Maak een gaatje op deze punten.

2 Knip twee kaften van 25 × 20 cm uit karton. Trek een lijn evenwijdig aan een lange zijde van beide kaften op 2,5 cm afstand van de rand. Trek deze lijn over met behulp van liniaal en breinaald om het karton in te kerven.

3 Knip twee stukken cadeaupapier iets groter dan de kaften. Plak het cadeaupapier langs de ingekerfde kant van de kaften en druk het papier stevig in de kerf. Knip het overblijvende papier weg.

4 Knip twee stroken van 2,5 × 26 cm uit vrolijk gekleurd papier. Plak deze over de ingekerfde randen en knip de uiteinden die over de rand steken weg. Maak gaatjes op 7,5 cm afstand van beide uiteinden.

5 Maak van hetzelfde gekleurde papier beschermende hoekstukken. Knip vier stroken papier van 5 × 12 cm. Vouw de stroken tot hoeken, zoals we beneden laten zien en knip de uiteinden af. Plak de hoekstukken op de kaft.

6 Leg de bladzijden tussen de kaften en zorg ervoor dat de gaatjes op dezelfde hoogte liggen. Steek raffia in de naald en rijg deze dan door de gaatjes aan de boven- en onderkant van het boek. Maak een dubbele knoop of een mooie strik, en knip de uiteinden bij.

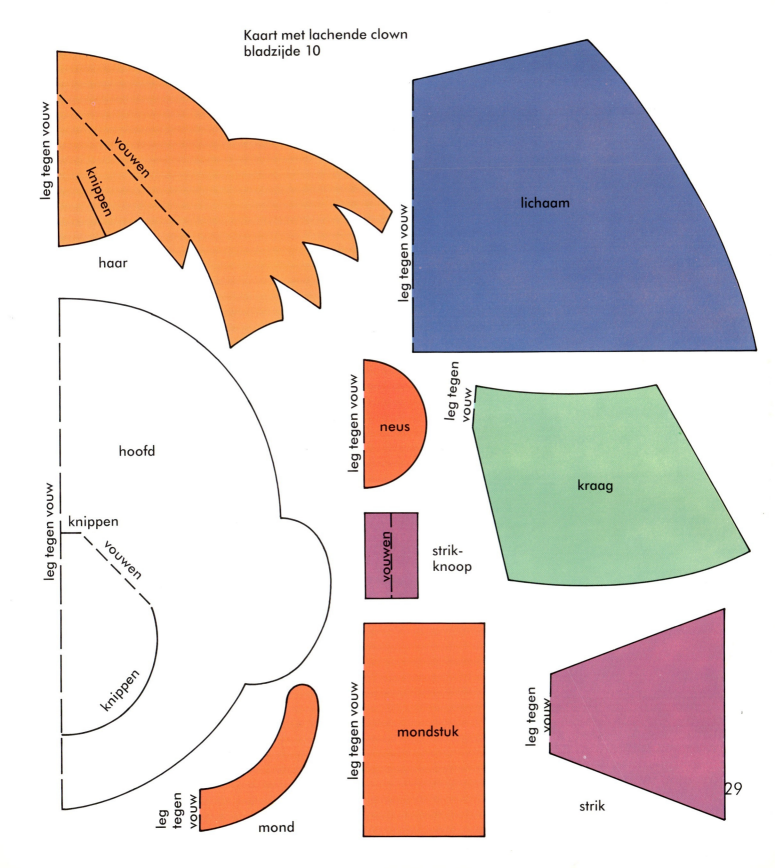

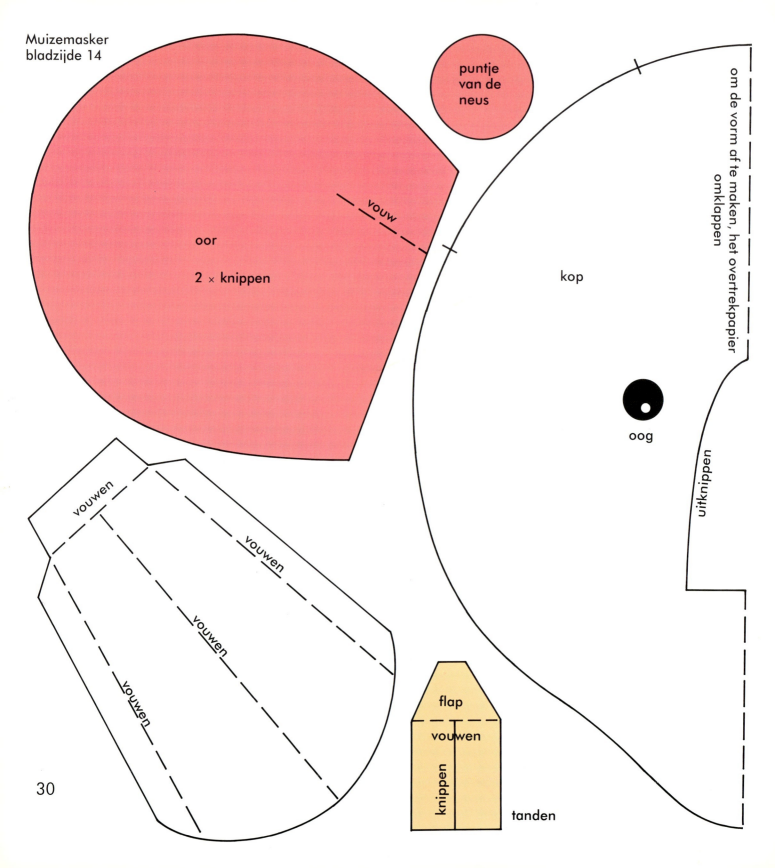

Gevlochten mandjes – bladzijde 16

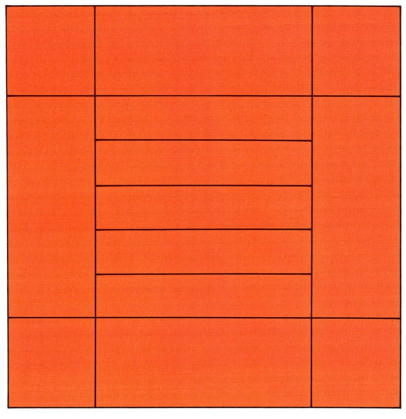

Vogelmobiel – bladzijde 18

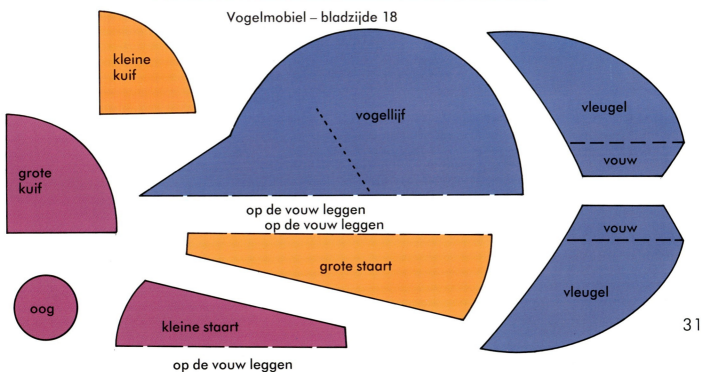

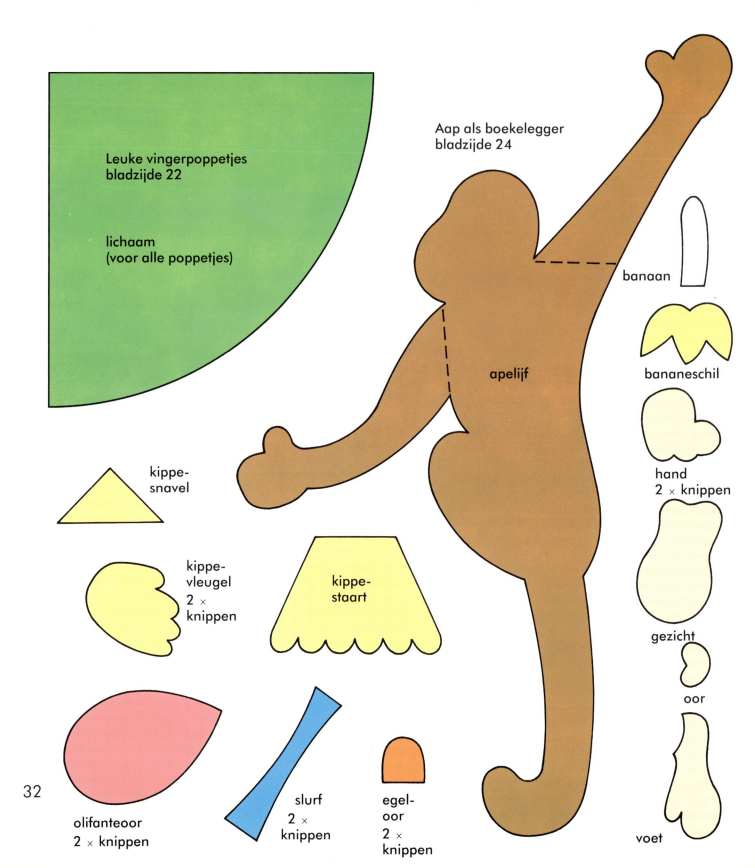